Funérailles

DE M. LE DOCTEUR

Alexandre RODET

Né à Saulce (Drôme), le 3 mars 1814
Décédé à Lyon, le 28 décembre 1884

ANCIEN CHIRURGIEN MAJOR DE L'ANTIQUAILLE 1849-1855
FONDATEUR ET PRÉSIDENT
DE LA SOCIÉTÉ PROTECTRICE DE L'ENFANCE 1866-1884
PRÉSIDENT DU COMITÉ MÉDICAL DU DISPENSAIRE
ANCIEN PRÉSIDENT DE LA SOCIÉTÉ NATIONALE DE MÉDECINE
DE LYON

DISCOURS PRONONCÉS
PAR MM.

Le Dr AUBERT	ROUGIER
Chirurgien major de l'Antiquaille	Président du Conseil d'administration du Dispensaire
DE PRANDIÈRE	Le Dr DIDAY
Vice-Président de la Société protectrice de l'Enfance	Secrétaire général de la Société nationale de médecine de Lyon

— 31 Décembre 1884 —

LYON

IMPRIMERIE DE PITRAT AÎNÉ
4, RUE GENTIL, 4

1885

Funérailles

DE M. LE DOCTEUR

Alexandre RODET

Funérailles

DE M. LE DOCTEUR

Alexandre RODET

Né à Saulce (Drôme), le 3 mars 1814

Décédé à Lyon, le 28 décembre 1884

ANCIEN CHIRURGIEN MAJOR DE L'ANTIQUAILLE 1849-1885
FONDATEUR ET PRÉSIDENT
DE LA SOCIÉTÉ PROTECTRICE DE L'ENFANCE 1866-1884
PRÉSIDENT DU COMITÉ MÉDICAL DU DISPENSAIRE
ANCIEN PRÉSIDENT DE LA SOCIÉTÉ NATIONALE DE MÉDECINE
DE LYON

DISCOURS PRONONCÉS
PAR MM.

Le Dr AUBERT (P)
Chirurgien major de l'Antiquaille

ROUGIER
Président du Conseil d'administration du Dispensaire

De PRANDIÈRE
Vice-Président de la Société protectrice de l'Enfance

Le Dr DIDAY
Secrétaire général de la Société nationale de médecine de Lyon

— 31 Décembre 1884 —

LYON

IMPRIMERIE DE PITRAT AÎNÉ

4, RUE GENTIL, 4

1885

FUNÉRAILLES DE M. LE DR ALEXANDRE RODET

DISCOURS

DE

M. LE DR AUBERT

CHIRURGIEN MAJOR DE L'ANTIQUAILLE

Messieurs,

C'est au nom des chirurgiens de l'Antiquaille que je viens rendre à l'un de mes plus distingués prédécesseurs non pas un dernier hommage, car M. Rodet n'est pas de ceux que l'on oublie et dont il ne reste plus rien à dire après quelques paroles jetées sur leur tombe, mais un témoignage de la haute estime que nous avions pour lui et du sentiment douloureux de regret que nous cause sa perte.

Pendant son passage dans les hôpitaux, et aussi plus tard, M. Rodet indépendamment des soins dévoués qu'il prodiguait à ses malades avec une bonté et une patience inépuisables, avait recueilli de nombreux matériaux scientifiques. Ses travaux sur le phagédénisme, les réinfections, la syphilisation, le danger de certaines associations médicamenteuses, les agents de préservation des virus, ses formules même, tout cela est cité et reproduit partout. Il n'en faut pas tant pour établir que M. Rodet a été, quand il l'a voulu, homme de science ; et que, entre son prédécesseur et son successeur immédiat qui ont fait connaître le nom de l'Antiquaille à tout le monde savant, il a dignement tenu sa place.

On jugeait bien la haute valeur de M. Rodet et le trésor de savoir et d'expérience qu'il avait accumulé lorsque, et nous en avons été témoin, une communication originale ou bien le tour imprévu de la discussion faisaient surgir dans une société savante quelque aperçu nouveau. On voyait aussitôt M. Rodet trouver dans ses souvenirs, et après, quand il en avait eu le temps, dans ses notes, quelque fait précis et bien observé qui venait appuyer quelquefois, compléter toujours, et au besoin contredire l'idée nouvelle.

Tout ce qu'il savait et tout ce qu'il avait vu lui aurait permis de publier et d'écrire plus qu'il ne l'a fait ; mais la foule nombreuse qui l'a accompagné jusqu'ici, les regrets universels que sa mort a suscités, le souci d'élever une nombreuse famille pour laquelle il était le plus tendre des pères, tout cela fait bien voir combien il lui eût été difficile de se consacrer uniquement à la science, de se soustraire à l'affection et à la confiance de ses malades et aux sollicitations d'une clientèle toujours croissante.

Son cœur généreux, son immense besoin d'aider ses semblables contribuaient encore à lui prendre, j'allais dire, à lui faire perdre son temps, si l'on pouvait appeler perdu le temps le mieux employé, celui qui est consacré à faire le bien. Vous savez tous quelle part prépondérante il a prise à la fondation de la Société protectrice de l'enfance, quelle somme de travail et d'efforts il a consacré au succès de cette œuvre utile dont il fut le premier président.

C'est là surtout que nous avons pu apprécier un trait distinctif de son caractère et reconnaître que l'adage *age quod agis* semblait avoir été créé pour lui; car malgré le travail incessant qui remplissait sa vie, malgré l'occupation prochaine qui l'attendait, il se donnait d'une façon si complète à l'œuvre du moment que l'on aurait vraiment pu croire qu'il n'avait pas autre chose à faire.

Adieu donc, cher et bien aimé collègue, nous avons moins de regrets à regarder ta tombe en la voyant comblée des bénédictions et des prières de tous ceux que tu as secourus et consolés, et nous nous retirons emportant le précieux souvenir et le grand exemple d'une vie entière consacrée au travail et au bien.

FUNÉRAILLES DE M. LE DR ALEXANDRE RODET

DISCOURS

DE

M. DE PRANDIÈRES

VICE-PRÉSIDENT DE LA SOCIÉTÉ PROTECTRICE DE L'ENFANCE

Messieurs,

Souffrez que je vous retienne un instant encore sur le bord de cette tombe et que j'y dépose en votre présence un dernier témoignage des sympathies et des regrets de *la Société protectrice de l'enfance*. Ce que le Dr Rodet a été et ce qu'il a fait pour elle, M. le Dr Chappet l'eût bien mieux dit que moi, car il a été le principal coopérateur de sa belle œuvre et en reste le plus digne continuateur ; mais on ne pouvait demander un pareil effort à sa douleur fraternelle, et je dois essayer d'y suppléer. Ai-je besoin d'ajouter que je me récuserais forcément, s'il s'agissait de faire encore valoir les titres et les services scientifiques du vénéré défunt ; mais cette tâche vient d'être si bien remplie qu'elle ne pourrait être reprise ou complétée par la voix la plus compétente.

Pour faire apprécier les mérites du fondateur de notre Société, je n'ai qu'à rappeler l'origine et les progrès de la fondation.

Ce fut en 1866, que le Dr Rodet communiqua à la Société de médecine son premier travail *sur la nécessité de créer à Lyon une Société protectrice de l'enfance*. Entre autres détails de statistique pleins d'intérêt, il faisait ressortir la différence de 18 pour 100 au moins, qui existait alors dans notre région entre la mortalité des enfants nourris à domicile et celle des enfants allaités loin de leurs familles.

Peu après et dès 1869, il rendait compte des résultats obtenus et chacun les trouvait des plus encourageants.

C'est surtout à lui qu'est due la propagation de cette idée de protection qui, depuis 1865, restait centralisée à Paris, comme le sont trop d'autres conceptions utiles. La tentative qu'il fit à Lyon fut en effet, bientôt renouvelée au Havre, à Tours et dans dix villes de France ; il en fut de même à l'étranger, où il n'existe pas moins de 65 sociétés protectrices, dont 49 aux États-Unis ; soit en tout 75 institutions en pleine activité, dans l'intérêt du premier âge.

Vous voyez, Messieurs, quelle a été la force d'expansion de la pensée généreuse qui s'était emparée de l'intelligence et du cœur du Dr Rodet. Que n'aurais-je pas à dire de l'application qu'il en a faite pendant 18 ans à la région lyonnaise? Secours aux mères pauvres, surveillance des enfants placés au dehors, création de crèches, récompenses aux mères et aux nourrices, conseils sur l'éducation des nouveau-nés, fonctionnement d'un comité de dames patronnesses, il a tout prévu, tout organisé, avec un incomparable dévoûment.

Ce dévoûment avait des formes exquises et je n'ai jamais rencontré, au service de la faiblesse et de la misère, autant de douceur, de patience et de bonté.

La bonté! mais elle s'était incarnée en lui, et il est dès lors facile d'expliquer l'affection qui l'entourait, la tristesse que causa sa longue maladie et le chagrin que vient d'exciter sa perte.

Oh! oui, le deuil est partout : dans sa famille, où se retrouvent ses talents et ses mérites; dans les corps savants, dont il avait si bien acquis l'estime et la confiance ; dans la cité, qui lui était si justement reconnaissante de son désintéressement et de son zèle.

Ce deuil sera permanent pour nous, ses coopérateurs dans l'œuvre de protection qu'il a fondée et si longtemps présidée ; mais ne soyons pas affligés comme si nous n'avions ni foi ni espérance. Dieu, qui a tant aimé les petits enfants, devait être bien miséricordieux pour cet ardent protecteur de l'enfance, et il réservait à sa belle vie une immortelle récompense !

Je termine par cette pensée, car elle est seule capable de soulager les cœurs désolés et de changer de stériles et terrestres regrets en célestes consolations !

FUNÉRAILLES DE M. LE DR ALEXANDRE RODET

DISCOURS

DE

M. ROUGIER

PRÉSIDENT DU CONSEIL D'ADMINISTRATION DU DISPENSAIRE

Messieurs,

L'œuvre du Dispensaire ne peut rester muette devant la tombe du docteur Rodet.

En lui, elle perd un de ses plus utiles administrateurs, un de ses bienfaiteurs les plus dévoués.

Personne plus que lui n'avait le zèle, les lumières, la compétence nécessaires pour assurer le succès de l'assistance médicale des indigents à domicile, qui est le but de notre œuvre.

Pendant plus de quinze ans, s'intéressant à ses moindres détails, il n'a cessé d'en surveiller le bon fonctionnement.

C'est lui qui a eu l'initiative des conditions actuelles de notre service médical divisé dans la ville de Lyon entre onze circonscriptions pourvues de médecins titulaires et suppléants. Combien cette organisation n'a-t-elle pas donné d'efficacité aux soins que reçoivent nos pauvres malades !

C'est à lui que peuvent encore être attribuées pour la plus grande partie les améliorations diverses apportées à notre service pharmaceutique.

Président du comité des médecins consultants choisis parmi les plus hautes notabilités du corps médical, dont l'action venant s'ajouter à celle du conseil d'administration imprime à l'œuvre du Dispensaire une si utile direction, M. le docteur Rodet, jusqu'au moment où son état de maladie nous a privés de son concours, ne s'est pas contenté de nous apporter le tribut de ses judicieuses observations ; — sa pensée constante poursuivait la réalisation de nouveaux progrès.

Dans un mémoire manuscrit qui fut la dernière manifestation de son zèle ardent pour notre œuvre, il nous a laissé un plan remarquable d'assistance pour l'enfance, objet de ses prédilections. Il a pris soin d'y indiquer avec l'autorité de son expérience, en quels cas l'assistance hospitalière s'impose pour les enfants des divers âges, en quels cas l'assistance à domicile lui est préférable.

Notre œuvre, même après qu'il n'est plus, s'inspirera encore de son exemple, de ses conseils, et son nom restera gravé dans nos souvenirs comme l'expression du dévouement le plus pur, le plus efficace, le plus désintéressé pour le soulagement de ceux qui souffrent.

Son concours au Dispensaire n'aura pas été seulement celui du praticien éminent, de l'administrateur éclairé et vigilant, mais encore celui de l'homme de bien dont la présence vivifie les œuvres auxquelles il participe en y laissant la trace profonde de son esprit, de son cœur, de ses vertus.

FUNERAILLES DE M. LE DR ALEXANDRE RODET

DISCOURS PRONONCÉ

AU NOM DE LA SOCIÉTÉ NATIONALE DE MÉDECINE

PAR

M. LE DR DIDAY

SECRÉTAIRE GÉNÉRAL

C'est ma voix, n'est-il pas vrai, Messieurs, que vous saviez devoir entendre près de la tombe de Rodet. A qui pouvait mieux revenir ce triste honneur qu'à son prédécesseur immédiat, à celui qui lui ouvrit naguère le dur sentier du travail, à qui il semble ouvrir aujourd'hui le large chemin du repos ? Depuis quarante ans, pansant les mêmes plaies, aux académies, aux sociétés de bienfaisance, aux jurys de concours, toujours siégeant côte à côte, ah certes ! nous devions nous connaître. Aussi n'est-ce pas des privilèges de l'amitié, mais du seul droit de la justice que je me réclame pour venir vous le peindre en ce mot qu'il n'eût jamais souffert qu'on prononçât devant lui : « Durant toute sa carrière, pas plus d'ombre à sa vertu que de répit dans son labeur ! » Suivons-la donc cette carrière. Mais il est là, Messieurs : soyons dignes d'elle comme de lui, et parlons simplement de celui qui ne connut pas d'autre langage.

L'un des derniers d'une nombreuse famille, Alexandre Rodet vint à Lyon avec une ferme vocation pour la médecine. C'était bien, je pense, la meilleure part du bagage de l'étudiant. Mais il avait compté sur un protecteur, son aîné, alors déjà professeur à l'École vétérinaire. On se serra un peu pour le nouvel arrivant ; et tout fut dit de part et d'autre, sans qu'on eût fait une demande, sans qu'on s'attendît à un remerciement. Notre collègue aimait plus tard à s'appesantir sur ce qu'avait eu de délicat la générosité fraternelle. — N'insistons pas sur ce trait, Messieurs. Il faudrait alors le compléter ; car le sort lui reservait une contrepartie. Mais notre confrère était moins communicatif sur les souvenirs de cette seconde phase. Gardons-nous donc de soulever ce voile qui double et le prix du bienfait et le prix de la gratitude.

Stimulé par l'exemple autant que par les conseils d'un si bon guide, portant religieusement conservée dans ses habitudes, dans ses goûts, dans ses mœurs, l'austérité sereine, patrimoine inviolable, il se trouva, à l'issue de l'internat, mûr pour ce que, à cette époque, on appelait les *grands concours !*

C'était alors le tour du majorat de l'Antiquaille. Mais trois compétiteurs seulement s'étaient inscrits, l'un d'eux étant, disait-on, *nommé d'avance ;* candidat puissamment patronné, candidat, d'ailleurs, d'une valeur notable, et *désiré*, affirmait-on encore, désiré par les membres mêmes du jury ! J'en étais, Messieurs, je pus constater autour de moi la réalité de ces dispositions. — La lice s'ouvre ; les trois champions font bien ; Rodet fait mieux, et Rodet est nommé. — Plus d'une fois, Messieurs, les concours lyonnais ont donné de ces surprises, dont le népotisme parisien n'est pas près de leur disputer le monopole. Que notre corps médical les enregistre avec orgueil. N'est-ce pas un des secrets de sa force, le secret aussi de sa moralité ?

Les circonstances de l'élection non moins que l'élection même attirèrent promptement l'attention sur ce modeste jeune homme qui semblait vouloir s'y soustraire, jusqu'au jour où il aborda, en 1849, le théâtre de son activité laborieuse. Ici, il faut se recueillir, Messieurs, car, dès ce moment, nous avons sous les yeux un modèle.

Selon mes forces, et avec les degrés qu'il y a en tout, j'avais, revenant de Paris, importé à l'Antiquaille les traditions de mon glorieux maître. Deux mois après ma sortie, j'y remonte, un matin. Et je le confesse, il y avait un changement. L'exactitude de Dupuytren l'avait cédé à l'*hyperexactitude* de Rodet ; baptisons ainsi — elle exige un nom à part — cette minutieuse régularité, amoureuse et esclave du détail, qui s'attachant dès l'abord aux seuls côtés du sujet qui recèlent la lumière, ne cesse de les fouiller que lorsqu'un rayon a jailli. A l'hospice, six ans durant, chaque matin visite de chaque lit avec prescription dictée, avec observation prise. Rien ne parvenait à lasser son infatigable ténacité. Combien de nous se jugent en règle en faisant largement le compte du temps qu'ils consacrent à leur service d'hôpital ! Ce qui lui mesurait ce temps, à lui, c'était uniquement le nombre des malades et la difficulté plus ou moins grande des solutions que chaque cas lui imposait. Il est encore aujourd'hui parlé, avec attendrissement par quelques émérites serviteurs de l'hospice, avec un effroi retrospectif par quelques anciens internes, il est encore parlé de légendaires consultations gratuites, toujours et d'un bout à l'autre tenues sans suppléant, où vers la fin, *à une heure de l'après-midi*, le chef faisait impitoyablement recopier une ordonnance écrite, s'il jugeait que le rédacteur eût trop brièvement glissé sur quelque menu précepte d'exécution.

Mais désirez-vous plus, Messieurs ? Voulez-vous mieux connaître ce chef de service modèle ? Suivez le sortant du service. Comme la branche qu'on a cessé de plier se redresse instantanément, grave, lent, calme jusqu'au bout tant qu'il était dans l'hospice, Rodet, à peine le seuil franchi, prenait sa course. Pourquoi ? C'est que, au moment même, et seulement au moment où la main du devoir s'était retirée de son épaule, la mémoire lui était revenue d'autres obligations non moins pressantes. — Sainte, vraiment sublime distraction que celle-là ! C'est l'honneur du médecin d'hôpital d'y succomber, comme c'est le droit, souvent le salut des malades de la lui inspirer. N'en sourions point, Messieurs, et ne nous en défendons jamais !

Consignés dans un compte rendu détaillé, les fruits scientifiques de sa pratique hospitalière mériteraient une mention plus longue que je ne puis ici la faire. Disons seulement que ces recherches eurent surtout en vue la thérapeutique. On lui doit la découverte d'un véritable spécifique contre la forme la plus destructive de nos maladies d'Antiquaille. Ses recherches sur les réinfections, sur l'association des deux principaux agents spéciaux, sur la syphilisation, sur la prophylaxie topique des affections virulentes, sont marquées au coin de celles qui, répondant chacune à un besoin de la pratique ou à un besoin de la science, sont pour ainsi dire placées sur la route du progrès et par conséquent seront infailliblement un jour ou l'autre le point de départ d'un nouvel effort en avant.

Toutefois ni les préoccupations, ni l'influence de Rodet ne devaient rester circonscrites à ces limites étroites. Un véritable apostolat, la protection réglementée de l'enfance allait couronner sa carrière. Mais « était-ce bien à un chirurgien de l'Antiquaille d'aborder une entreprise de ce caractère et de cette portée? » avait peut-être murmuré le préjugé public.

Faisons le taire ce préjugé en montrant à l'œuvre ceux qu'il tient en suspicion. Que peuvent-ils? Qu'ont-ils fait nos *majors?*

Ce qu'ils ont fait?... Le premier de tous, par ses écrits de révolutionnaire, par sa verve de tribun, apprend au monde médical qui l'ignorait un nom qu'on n'oubliera plus, l'*Antiquaille!* — Une autre, après Hunter, après Ricord qui s'y essayèrent en vain, trace la vraie, l'ineffaçable doctrine générale du virus de Fracastor! — Plus près de nous, un troisième a fait la mairie de Lyon! Que dis-je, Messieurs; il l'a faite?... Il la maintient!

Et d'où leur vient donc cette situation reconnue, acclamée? Est-ce une occasion heureusement saisie? serait-ce coïncidence fortuite?.... Jugeons-en mieux le vrai motif. Doués de facultés diverses, ils cultivent tous, dans le domaine médical, un coin où, par exception, il nous est donné de toucher la cause morbide, de toucher aussi son antidote. Et, à cet exercice, ils ont contracté, à degrés divers, sans effort, les qualités de précision qui font les administrateurs, les organisateurs, les créateurs, au besoin.

Quelque partiale que puisse sembler cette interprétation, l'exemple de Rodet ne vient-il pas la justifier ? Porté, lui simple praticien, par la spontanéité d'un vote unanime à la tête d'une des plus utiles croisades humanitaires dont notre siècle s'honore, il ne cessa de répondre à la confiance de ceux qui avaient fait sa vocation en la devinant. A aucun moment de sa longue gestion, il n'a été au-dessous de sa tâche ; et que de fois nous l'y vîmes supérieur ! Outre le patient labeur quotidien nécessaire à la réalisation du programme primitif, avec quelle ingénieuse clairvoyance ne savait-il pas en étendre les applications : multipliant les crèches ; fondant tout un système de secours aux mères nourrices ; les encourageant par de publiques distributions de primes pécuniaires, rehaussées de l'éclat d'un diplôme ; — à un autre point de vue proposant annuellement un sujet de prix au concours ; resserrant entre les sociétés protectrices françaises les liens d'une solidarité prête à l'action ; entre temps éclairant l'administration, le législateur par quelque opportun et substantiel mémoire ; assurant la meilleure surveillance des nourrissons placés à l'extérieur ; enfin à chaque instant parant aux exigences d'un budget obéré par la charité, à la tiédeur d'auxiliaires mercenaires ou distraits, voilà ce que nous l'avons vu faire, disons mieux, à quoi nous l'avons vu succomber. Cœur et âme, parole et plume, conseils et secours, il prodiguait tout à la Société protectrice, à cette fille d'adoption à laquelle il semblait vraiment, dans les dernières années, avoir voulu donner, à son foyer, la plus chère place, la place, hélas! devenue vide! — Applaudissons à une telle abnégation, Messieurs; et puisque chez nous, la récompense civique, quand il s'agit de la vie de milliers de citoyens, ne va pas à celui qui la leur a conservée, célébrons, nous du moins, ces généreux sauveurs et à défaut des honneurs, décernons-leur assez d'estime pour qu'ils aient des successeurs!

Les jours fuyaient, cependant, jours chacun de seize heures de travail! et rien ne ralentissait ce zèle incessamment renouvelé à deux sources inépuisables; *charité, devoir!* Toujours dans son immense clientèle, — et j'en sais quelque chose et c'est encore une des dettes que je voudrais acquitter à cette heure —, toujours le même empressement, le même siège en règle établi contre la terrible inconnue médicale, qu'on eût dit qu'il voulût prendre par lassitude. Toujours et comme toujours! car ce n'est pas de ces derniers temps que date le mot d'un de ses vieux clients, mot à graver ici pour l'éternel honneur de sa mémoire: « Docteur, vous me soignez aussi bien que si j'étais un de vos malades de l'hôpital! »

Ainsi il s'est usé, ainsi il est mort, notre ami. Pour s'être vu refuser une trêve?... non, pour se l'être vue imposer! A sa lente et cruelle extinction, à son agonie plus désolante encore que désolée, certes aucun adoucissement n'aura manqué; et, tant qu'il l'a pu sentir, l'étreinte de celle qui fut sa vivante providence, du groupe aimant et fidèle qui l'entourait, et la bénédiction des indigents, touchant et certain présage de l'arrêt suprême, ont fait au pauvre voyageur le plus tranquille passage. Mais, au sein du concert de sympathies berçant ainsi sa conscience défaillante, la dernière parole entendue a dû être, — j'en appelle à ceux qui l'ont bien connu, — a dû être celle de ce digne fils qui, fort de sa promotion d'hier, pouvait lui redire d'une voix plus persuasive : « Père, dors en paix ; je vais travailler à ta place ! »

LYON, IMPRIMERIE DE PITRAT AÎNÉ, 4, RUE GENTIL.

www.ingramcontent.com/pod-product-compliance
Lightning Source LLC
Chambersburg PA
CBHW060528050426
42451CB00011B/1711